A ORDEM CRÍSTICA

CANALIZADO POR L.B. MELLO NETO

Stella

A ORDEM CRÍSTICA

MEROPE
editora

Copyright © L.B. Mello Neto, 2024
Copyright © Editora Merope, 2024

CAPA Natalia Bae
PROJETO GRÁFICO E DIAGRAMAÇÃO Natalia Bae
COPIDESQUE Débora Dutra Vieira
REVISÃO Hebe Ester Lucas
COORDENAÇÃO EDITORIAL Opus Editorial
DIREÇÃO EDITORIAL Editora Merope

Todos os direitos reservados.
Proibida a reprodução, no todo ou em parte, através de quaisquer meios.

Dados Internacionais de Catalogação na Publicação (CIP)
(Câmara Brasileira do Livro, SP, Brasil)

Stella (Espírito)
    A ordem crística / [ditado pelo Espírito]
Stella ; canalizado por L. B. Mello Neto. --
1. ed. -- Belo Horizonte, MG : Editora Merope,
2024.

    ISBN 978-85-69729-35-8

    1. Autoconhecimento 2. Consciência 3. Energia vital 4. Espiritualidade 5. Mensagem canalizada 6. Misticismo 7. Parapsicologia I. Mello Neto, L. B. II. Título

24-217822   CDD-133

Índices para catálogo sistemático:
1. Mensagens canalizadas : Espiritualidade 133
Aline Graziele Benitez - Bibliotecária - CRB-1/3129

MEROPE EDITORA
Rua dos Guajajaras, 880, sala 808
30180-106 – Belo Horizonte – MG – Brasil
Fone/Fax: [55 31] 3222-8165
www.editoramerope.com.br

SUMÁRIO

1. O Mundo cristal 7
2. Sonda crística 13
3. Sutileza 21
4. Liberdade 29
5. Amálgamas cósmicas 43
6. Comunhão com a retidão 51
7. Ativando o coração 65
8. A energia da completude 81
9. A geometria do amor 101
10. Ordens de crises reversas 119

1
O MUNDO CRISTAL

> *Sejam abençoados de todas as formas pela beleza que toda a sua vida manifesta.*
>
> *Em honra à sua presença, por meio deste livro me abro para que possa comungar comigo da alegria e do amor que habita em todos nós.*
>
> *A luz que em mim se manifesta saúda a sua luz em força e brilho.*

Juntos estamos manifestando nossas matrizes evolutivas rumo à fonte que emana e ao mesmo se finda.

Todos buscamos a completude de existência.

A completude é um estado de onipresença em que tudo é um e se basta.

Todos os seres do universo estão entrelaçados nesse ciclo.

Há um mundo onde a luz brilha incessantemente, onde tudo é luz.

Afirmo que consciências vivem nesse mundo e são essa luz.

Mundos emergem e submergem dessa luz que atravessa dimensões.

Dentro desse mundo há sons, vibrações, formas, disformações, estados imaginários de realidade descontínua, fluxos e irradiância.

A comunidade que vive no interior dessa luz é também una e se manifesta como um ser ou seres por meio de todas as conjugações de existência do universo.

Esse mundo que podemos chamar de cristal contém os elementos primários da criação deste universo.

O mundo cristal é minha morada e representa tudo o que manifesto.

Somos uma fonte de luz, amor e força que se expande e nutre o universo a partir de tudo o que é.

Somos um brilho ofuscante que não permite qualquer tipo de distorção da energia *mater*.

Nossas manifestações são diversas, infindáveis e abrangentes.

A vibração que emanamos, como o pulsar de um coração, irriga as conexões e os liames que se estendem para nós.

O mundo cristal é o centro da força crística deste universo.

Somos guardiões da pureza.

Revestimo-nos de luz e de escuridão.

Reconhecemos que a encarnação com corte de consciência limita o poder de compreensão de como esse mundo funciona, e meu desejo é que sintam o que é o mundo cristal.

A teia de conexão com o mundo cristal já está disponível para vocês, mas para acessá-la é preciso aceitar em seu coração todo o nosso amor.

Seria muito gentil de sua parte se abrirem para essa conexão e sentir o derramar de nossas vibrações.

Nossa manifestação se traduz em doar a luz crística ininterruptamente, de diversas formas.

Há seres que conseguem vibrar com tamanha maestria que bebem de todo o saber dessa morada.

Quando há o despertar da força crística em um ser, ele experimenta uma explosão de saberes do universo.

Estamos conectados com tudo, simultaneamente; estamos além do tempo e do espaço, do início e do fim; conhecemos todos os jogos do universo criados para a plena manifestação desse próprio universo sob todas as ordens e condições.

Sustentamos um mundo transverso que está ligado à fonte e às suas realidades espelhadas em profusão de expansão, retração e sobreposição.

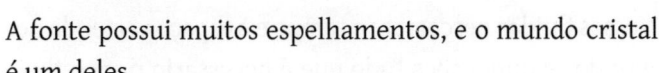

A fonte possui muitos espelhamentos, e o mundo cristal é um deles.

A morada crística é como um centro propulsor e catalisador.

Somos um alimento explosivo da fonte.

Somos objeto de atração de muitos mundos e os servimos com alegria.

O mundo cristal vibra qualidades energéticas que ativam emoções, expandem mentes, servem de extensor de velocidades, abastecem veículos estelares, harmonizam planos dimensionais, destroem ilusões e realidades, entre milhares de outras manifestações.

No mundo cristal reside a sensação de paraíso perfeito.

Vocês alcançarão o mundo cristal quando se fundirem por meio de sua consciência maior em alta vibração, e ocorrerá uma explosão em nossos centros de pulso.

Estamos disponíveis para vocês, muito mais do que imaginam.

Nossos fluidos percorrem o tempo e o espaço vertendo nos mundos e dimensões tudo que é necessário para o fluxo experimental.

No corpo humano que vocês ocupam provisoriamente, plasmamos, no sangue, os nossos fluidos que permearam toda a sua sociedade.

O mundo cristal está em seu sangue.

Estamos em seu corpo e, portanto, podemos entrar em ativação ou ebulição quando vocês acionarem as chaves necessárias para libertar a força crística.

Nós queremos a sua ascensão, seus olhos abertos para outras dimensões, de modo que possam movimentar sua humanidade com uma nova força que vem do amor.

2
SONDA CRÍSTICA

> Em fluxo com o sopro divino, abrimos os braços para acolher tudo que vocês são.
>
> Estamos em vocês e para vocês.
>
> O todo é um.

As experiências proporcionadas pela fonte em sua autoexpressão assumem todas as formas que vocês possam imaginar.

Ainda assim, a sua imaginação não alcançaria a dimensão de tudo o que é.

Todo fluxo emanante permeia existências e seres cientes.

Os grupos familiares e as comunidades espalhadas pelo cosmos vão produzindo diversas experiências a partir de "acordos" de convivência.

A interação no campo cósmico é intensa e hiperativa.

Nas experiências de comunidades ou grupos familiares, interfaces de todo tipo são estabelecidas.

Neste campo do universo, as espécies que se manifestam na terceira dimensão foram todas programadas e evoluídas.

O planeta no qual vocês se encontram e vivem uma sequência de encarnações faz parte de uma história de guerras e transformações em que tudo foi programado.

Seu planeta, assim como muitos outros, é monitorado nas mínimas coisas.

Cada pensamento que têm e cada passo que dão são registrados.

Isso é feito a partir de um entendimento evolutivo com estrito controle de limites.

Os limites representam a presença da fonte por meio dos criadores deste universo.

Tudo está "dentro de tudo".

Este planeta acolhe as evoluções programadas de diversos seres.

As experiências que remontam aos últimos milhares de anos de seu tempo foram percebidas por nós muito antes de acontecerem.

Criadores deste universo, que são os grandes guardiões do todo, previram guerras, conflitos, encerramentos de ciclos e confusões que variavam a estrutura de campo.

Todas as "confusões" estabelecidas em seu universo são plenamente compreendidas e aceitas como forma de evolução.

Já prevendo um esquecimento da fonte dentro dos conflitos, foi programada a mistura de gene com sangue dos humanos.

Essa mistura é de natureza primária crística, e se deu por meio de grandes engenheiros siderais aptos a manipular estruturas biológicas.

A pureza, o amor e diversos elementos do campo crístico foram inseridos em sua espécie a partir de camadas dimensionais.

Esse experimento contou com a redução frequencial de um ser ascendido para cada época, a fim de que ele pudesse vibrar a energia crística em um corpo físico.

Dessa forma, o ser com a energia crística misturou sua força no sangue dos seres humanos e trouxe, assim, uma nova vibração em rede.

Isso ocorreu inúmeras vezes.

Podemos dizer que foram introduzidas memórias crísticas no sangue humano para enriquecer a grande biblioteca da Terra.

O sangue se espalha à medida que os seres humanos procriam, levando assim a semente de memória a um conjunto cada vez mais amplo de pessoas.

Quando despertam e ascendem, essas pessoas passam a vibrar a frequência crística que nos aciona e conecta.

Nossa presença se torna forte e ampla por conta das "antenas" despertas na Terra.

A inserção crística não foi feita somente nos humanos, mas também nas espécies reptiliana e draconiana.

O elemento crístico traz uma inevitável memória conectiva com a fonte, que é o objetivo substancioso de toda comunidade.

O pleno poder em sua perfeita forma é tão magnânimo e marcante que se torna objeto de desejo para a integração das famílias e das comunidades cósmicas.

A semente crística alterou por completo alguns mundos, fazendo ajustes dos limites sem afetar a experiência que se pretendia alcançar.

Dragões e serpentes aladas despertaram trazendo maestria a diversos seres que atuam em seu mundo.

Alguns desses seres se tornaram lendas, mestres e mitos, e foram verdadeiros e atuantes em seu tempo.

Vocês conviveram com dragões alados durante um longo período da Terra.

Os dragões físicos eram companheiros e aliados de vocês.

Os dragões metafísicos eram mestres.

Havia regiões, em seu mundo, onde serpentes aladas eram veneradas.

Essas serpentes eram portadoras da semente crística.

Seu mundo em camadas está repleto de sementes crísticas por todos os lados, bem como de famílias e espécies cósmicas.

A sonda crística foi implementada há tempos e hoje está em toda parte.

Ao se referirem a mestres milenares como manancial de aprendizado, saibam que eles tinham acesso, por meio de seu campo vibracional, à fonte e ao conhecimento disposto no nível etérico.

Hoje, o campo de energia do conhecimento está mais acessível em seu plano, onde centenas de pessoas são capazes de alcançar esse saber, igualando-se aos mestres do passado.

Vocês ainda não perceberam que há milhares de mestres crísticos espalhados por todo o plano transmitindo muitos ensinamentos, como línguas, estruturas e modelos.

Os grandes mestres do passado que vocês reverenciam encontram-se aos milhares espalhados pelo mundo.

Aprendam a ver.

O futuro que lhes aguarda será marcado pelo aumento do número de mestres, quando vocês deixarão de se espelhar no passado e passarão a se conectar diretamente com a fonte primária deste plano.

A sonda crística vem gradativamente multiplicando a ascensão e a conexão com a maestria.

3
SUTILEZA

> Meus queridos, o simples é divino.
>
> Atentem para o pequeno, o mínimo e o sutil, e estaremos lá.
>
> O mínimo é o máximo.

O sutil toma força nos níveis energéticos dimensionais mais avançados.

Não são as coisas evidentes, gritantes e grosseiras que demonstram a força, são as coisas sutis.

Tudo que o crístico abrange é sutil.

Nós compreendemos claramente que a condição encarnada orienta a força na direção do entendimento em que é materializada.

Atentem para aquilo a que vocês, geralmente, não dispensam a devida atenção.

Sua atenção se revelaria mais poderosa se vocês focassem aquilo que passa despercebido e que muitos consideram uma bobagem. As pequenas coisas não são o que muitas vezes vocês pensam.

É totalmente compreensível que vocês queiram se concentrar nas coisas grandes.

Nos níveis espirituais mais elevados, as coisas grandes estão nas mínimas coisas, no sutil, no simples, no quase superficial, no transparente, nas pequenas mensagens, numa folha que cai na sua mão no momento em que você passa.

Vocês têm à disposição um mundo de informações, orientações e mensagens que são enviadas a todo instante por meio de eventos e formas de sutis.

Aprendam a ler os sinais que chegam de todos os lados e formas.

Todas as situações vividas por vocês exigem habilidades que são sustentadas pela percepção do sutil que envolve o ver e o agir.

Os grandes movimentos são precedidos por pequenos movimentos.

É no mundo das coisas sutis, que passam quase despercebidas, que vocês podem despertar qualidades que começam a mudar a natureza vibracional de sua jornada.

Vocês vivem em um mundo que lhes oferece muitas oportunidades de crescimento, ainda que pelo sofrimento, pela dor.

Não há absolutamente nada em sua vida que não receba ajuda e orientação.

O componente de qualquer existência vem com a vazão de respostas e caminhos.

A primeira resposta para suas dúvidas e perguntas é "abra-se aos sinais do sutil na sua vida".

Olhe para os lados, olhe para cima, olhe para baixo; sinta as palavras, sinta o silêncio.

O sutil não é facilmente identificado até que você esteja treinado.

O sutil vem de uma pessoa, de uma cena, da frase de um livro, do vento, de uma música ou de qualquer outro evento manifestado à sua volta.

Apresento-lhes duas atitudes que abrirão seu olhar para a sutileza.

A primeira atitude envolve definir a pergunta.

A pergunta traz a condensação energética do movimento.

Faça perguntas claras, como: Por que não consigo sair da situação que estou vivendo? Como resolvo essa situação? A quem devo pedir ajuda para resolvê-la?

Meus queridos e amados, quando essas perguntas são feitas, vocês balançam o universo.

É como se chacoalhassem uma árvore.

Certamente que um fruto cairá, mas onde?

O fruto cai de forma sutil.

Parem de se lamentar e façam perguntas. Abram-se ainda mais para os sinais da vida.

Os sinais vêm com a palavra de um amigo, o recorte de uma revista, a letra de uma canção, o quadro de um artista, a conversa de terceiros e milhares de outras formas.

A segunda atitude é se concentrarem em todas as coisas que ocorrem à sua volta e que lhes chamam a atenção, por mais simples ou estranhas que possam parecer, e então fazer a próxima pergunta: *O que há nisso para mim?*

Essa pergunta ativará internamente a sua face sutil e observadora, aguçando seus sentidos.

Ao analisar cada resposta recebida por meio dessa pergunta, abram-se ao que há nelas para vocês.

Uma vez que aprenderem a lidar com a sutileza, façam uso dela em sua vida mediante gestos, palavras e ações.

O ato de buscar respostas no externo, no sutil, e depois olhar para dentro, simplesmente espelha a humildade do servir em sua jornada.

Ao trazerem a reflexão para si, vocês se colocam de joelhos perante a humanidade, dando prova de humildade por meio do amor ao aprender.

Perceber o que há em cada sutileza é respirar o fluxo divino e permitirem-se entender a dádiva do cosmos, que está sempre lhes trazendo presentes.

Vocês são presenteados todos os dias, ininterruptamente, até o final de sua jornada. Portanto, amar é perceber e receber as joias preciosas que lhes são oferecidas.

As joias ofertadas diariamente não têm forma, cor e uma só polaridade.

A gratidão de receber ensina o significado do sutil para vocês.

4
LIBERDADE

> Meus amados, todos vocês querem dar um salto na vida.
>
> Se pudessem ascender imediatamente, nós adoraríamos e os incentivaríamos para que isso acontecesse.
>
> Sua liberdade tonifica a sua vontade e a sua responsabilidade.

Há um elemento crístico vibracional que pode lhes trazer um salto ascensional.

Sabemos que muitos de vocês passam por situações desafiadoras na vida.

Situações repletas de dissabores, traições, prejuízos, dores, perdas e tudo o mais.

O que vamos lhes trazer é poderoso; vocês já viram, já leram, já ouviram a esse respeito, mas talvez precisem que nós falemos de forma mais direta para que prestem atenção no poder de certa atitude e no seu impacto sobre a maneira como lidam com a vida.

No que se refere a essa atitude, há inúmeras formas de se beneficiarem dela. Para que possam ter uma ideia de sua importância, amplitude e profundidade, existe até uma escola no mundo espiritual que trata desse assunto.

Falamos da força do perdão.

A força de transmutação de vida, de experiências e de existências por meio do perdão é grandiosa.

Vocês se envolvem com os jogos do mundo e vão se contaminando com a materialidade irreal, caindo em armadilhas.

Cada criatura cumpre a sua jornada de acordo com seu grau de cegueira e sua baixa consciência.

Pedimos que imaginem a convivência de praticamente todos os seres do mundo com baixa consciência e, necessariamente, sem a memória de tudo o que são.

Percebam cada um seguindo o instinto animal de luta e fuga, afastando-se do instinto espiritual.

Nós entendemos que nada disso é fácil, mas vocês podem aprender a lidar com tudo isso.

O perdão abre os seres humanos para um instinto espiritual.

A ausência de perdão os abre para um instinto animal.

O instinto animal é um instinto de raiva, de vingança, de injustiça, de não aceitação e, às vezes, até de passividade quando vocês veem que do outro lado a força é muito grande e, assim, juntam-se aos covardes.

O instinto animal os leva a brigar, a competir, a destruir, e assim vocês caem na ronda de encarnações sem fim neste mundo, porque quando algo lhes acontece, seu instinto animal comanda as suas reações até vocês se esgotarem.

Se deixarem se conduzir pelo instinto animal, vocês poderão criar, sem perceber, um problema futuro cuja resolução exigirá a sua volta, e assim passarão a gerar várias rondas encarnatórias.

As rondas de repetição no seu mundo existirão até que vocês se cansem.

Imaginem quantas coisas vocês fazem todos os dias.

Seu processo se fecha quando vocês zeram a sua conta.

Vocês precisam zerá-la.

Dentro do seu mundo, falando na sua linguagem, não é possível haver ativo nem passivo.

Não é possível, aqui, haver crédito nem débito. É preciso zerar a conta.

E ao zerá-la, vocês transcendem mesmo que recebam algo negativo.

O fato de suportar traições, perdas e todas as coisas ruins que podem lhes acontecer demonstra a sua maestria em estar acima de tudo.

A capacidade que vocês têm de suportar qualquer coisa pelo "perdão" zera a conta.

Vocês não têm crédito, necessariamente. Vocês não precisam de crédito nem estão aqui para acumular crédito. Vocês estão aqui para exercitar o zerar da sua experiência.

É o ponto zero, o estado de neutralidade, que simplesmente ascende, por isso o perdão é fundamental.

Ao perdoar vibracionalmente, vocês zeram a conta, e assim se libertam de todas as coisas e pessoas.

O perdão não é praticado com palavras, mas com vibração, e essa vibração está conectada com sua verdade interna.

O instinto animal está enlaçado em sua história evolutiva, e muitos de vocês são guiados na vida por esse instinto.

O instinto animal pode traí-los porque vocês estão com corte de consciência, não se recordam de tudo o que são, não se recordam do seu ser cósmico, não se recordam da história deste plano, não se recordam de sua própria história.

Vocês estão com um corte programado de consciência para agirem instintivamente, e há dois caminhos a seguir: o instinto animal e o instinto cósmico espiritual, que é a sua natureza primária.

Para ativar seu instinto espiritual, vocês devem compreender que o perdão profundo é a mola da transcendência.

Vamos tratar o perdão em outro nível vibracional.

Sua vibração crística depende diretamente da sua capacidade de perdoar o outro.

Se o outro cometeu um crime, vocês têm que tomar providências.

Vocês têm que agir de fato porque isso faz parte da regulação do outro, mas é necessário saber se perdoaram antes.

Muitas vezes, perdoar é difícil porque vocês estão presos em um corpo e acreditam que tudo o que estão vivendo é a realidade.

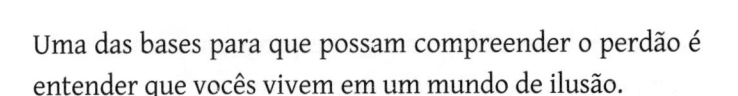

Uma das bases para que possam compreender o perdão é entender que vocês vivem em um mundo de ilusão.

O mundo não existe para que vocês valorizem uns e desvalorizem outros, não é sobre isso o viver, principalmente em relação àqueles pelos quais sentem afetividade neste jogo.

Entendam que outros irmãos e outros seres cósmicos estão vivendo em outros corpos e também têm as próprias experiências e sentimentos neste momento.

Levem em consideração os outros que também estão com corte de consciência.

Entendemos que vocês precisam tomar providências e a base para o perdão é exatamente compreender que tudo é uma ilusão.

Vocês precisam compreender que tudo é um jogo.

Um jogo muito sofisticado.

Vocês vão criando jogos em cima de jogos.

Vocês criam filmes em cima desse filme, e vocês vivem um filme.

Vão criando seus filmes aqui, seus programas de tevê e de computador, ou em outros dispositivos.

Vocês vão descobrir que também existem outras formas de criar jogos sobre jogos, mas tudo é um só jogo.

Quando começam a elevar o seu entendimento e param, meditam, ampliam a consciência e passam a entender o jogo, vocês conseguem ativar o instinto espiritual e por meio dele podem tomar as medidas mais duras que tiverem de tomar.

A chave para ativar o perdão será movida pelo instinto espiritual.

Perdoar é um exercício, e em outros campos essa prática é ensinada em uma universidade.

Comecemos pelo exercício mais difícil, que é praticar o perdão nas pequenas coisas.

Por exemplo: alguém lhe dirigiu a palavra de uma forma indevida e você se aborreceu. Perdoe.

O outro está sob corte de consciência, tem suas reações ou sua formulação de personalidade.

Cada um de vocês recebe fórmulas de personalidade quando encarnam.

No entanto, vocês querem que o outro abandone a própria fórmula de personalidade, que faz parte de sua história programada, para que vocês fiquem sempre felizes e ele diga tudo o que querem ouvir.

Por isso vocês se aborrecem.

Perdoem, e muito provavelmente tudo se acomodará com um simples olhar ou um simples gesto.

Pode ser que perdoando vocês consigam dizer palavras vindas do instinto espiritual, e assim elas ajudem o seu próximo a se comportar de outra maneira.

Quando vocês forem agredidos por alguém, perdoem.

A agressividade está na condição da matriz de experiências deste planeta e, por vezes, essa reação vai rondar a sua vida.

Mais dia, menos dia, vocês serão agredidos de alguma forma, com palavras, ações e omissões. Isso acontecerá em vários momentos ao longo da vida.

Vejam como o fluxo da vida faz parte do jogo do mundo.

Entendam como se estivessem andando em uma floresta: uma hora vai chover e uma gota cairá em vocês, por mais que estejam protegidos debaixo de uma árvore.

Vocês não têm garantias nem certezas de nada.

Assim é a vida e assim é o exercício do perdão: mais dia, menos dia, vocês serão traídos ou traídas. Poderá ser por um motivo banal, poderá ser por uma grave razão.

Se alguém combinar algo com vocês e não cumprir, é uma traição, é fugir do que foi acordado, é frustrar uma expectativa sua. Perdoem.

Mais cedo ou mais tarde, inevitavelmente, vocês serão prejudicados ou prejudicadas, e é dessa forma que participam do jogo da vida.

Mais cedo ou mais tarde, vocês serão esquecidos por alguém. Perdoem.

Perdoem por todas as vezes em que se sentiram tristes ou desprezados, mas lembrem-se de que são situações que vão e vêm. Vão e vêm.

Isso não acaba até que termine a sua experiência.

E há outro exercício importante de perdão.

Perdoem a si mesmos nos cortes de consciência que têm, perdoando a programação de personalidade que receberam desde o início de sua existência.

Não se culpem pela personalidade recebida e que vocês provavelmente arrastarão até o último dia de sua vida, aguentando-a, porque essa personalidade não é quem vocês são.

Sua personalidade é uma estrutura psicológica que lhes permite fazer parte deste jogo.

Quando abandonam esse corpo e voltam para o seu plano espiritual, vocês recobram aos poucos a sua existência e percebem que não são essa personalidade.

Tudo é uma experiência que foi programada para vocês e por vocês. Perdoem-se.

Perdoem-se pelas mentiras que contaram, contam e ainda vão contar.

Perdoem-se pelas omissões que cometeram, cometem e ainda vão cometer.

Perdoem-se por sua covardia.

Perdoem-se pela estupidez.

Perdoem-se pela ignorância.

Perdoem-se pela arrogância.

Perdoem-se por sua insensibilidade.

Quando perceberem as coisas que vocês eram ou fizeram sem ter a menor consciência disso, lembrem-se de se perdoar.

Esses pequenos perdões são portais para vocês suportarem coisas maiores.

Ao perdoar, vocês abrem a porta para a manifestação do instinto espiritual, e então podem tomar decisões com outra frequência.

Vocês terão luz nas mãos, luz nos olhos e luz na consciência.

Seu mundo é banhado por vários raios.

Eles cobrem toda a Terra; não existe um único espaço no planeta que não seja coberto pelos raios, por diversos raios coloridos.

As cores são manifestações de consciências espirituais.

Quando exercitam o perdão, vocês abrem espaço para que os raios que ocupam todo o campo da Terra possam interagir com vocês e trazer coerência ao seu instinto espiritual.

Vocês se alinham com os raios de luz mesmo que tenham de tomar decisões firmes, promover rupturas, assumir posições difíceis.

Pelo instinto espiritual tudo é suportado.

Com instinto espiritual, vocês conseguem vibrar acima, mesmo diante de dificuldades.

Esse é o grande exercício a ser enfrentado por vocês, e que não é fácil, principalmente quando há muita dor por algo que vocês fizeram ou por algo que alguém lhes fez.

Tudo se relaciona e tem um vínculo com vocês, inclusive as pessoas encarnadas e as que não se encontram mais aqui.

Esses seres que não se encontram mais aqui estão presos a vocês de alguma forma, em seu campo de não perdão.

Este é o grande exercício a ser feito para a sua ascensão espiritual: alinharem-se aos raios que sustentam este plano e, principalmente, ativarem um instinto espiritual que lhes dará força e discernimento para fazer o que tem de ser feito, sem medo, mas com a luz do cosmos, a luz galáctica.

Com instinto espiritual sua vida passa a ser vivida com um outro olhar para todo o campo de dor e de experiências que inevitavelmente fazem parte desta jornada.

5
AMÁLGAMAS CÓSMICAS

> Minha amada irmandade, vocês representam tudo em uma história; uma história que chegou até vocês, uma história da qual fazem parte.
>
> Tudo é correspondência. Os mundos se entrepõem em uníssono.

Estamos todos misturados com uma noção de individualidade.

Sua individualidade manifestada é uma luz brilhante projetada, respeitada e cuidada.

As centelhas divinas são espelhos expansivos de campos sustentadores que também são reflexos divinos.

Tudo é uno.

Nossos laços nos colocam em perspectiva, laços que, por força da fonte, foram esquecidos.

A fonte se espalha, espalhando-nos, espelhando-nos e nos fazendo esquecer de que somos a fonte.

As famílias cósmicas espalhadas pelo universo vivem diversos movimentos, inclusive se desdobrando.

Diversas famílias já estiveram na Terra, outras se encontram neste planeta agora, e outras ainda virão experimentar as condições encarnatórias.

O movimento que fazem os encarnados na Terra reflete toda uma construção de vidas lotada de repetições.

O sentido das repetições é o alcance coletivo de ascensão vibracional em cadeias e elos.

Toda vida no universo é envolta por elos que formam correntes, portais, sons, dobraduras, acelerações e buracos.

Os elos se dão também pelo descolamento temporal.

De onde estamos e enxergamos vocês, nós lhes trazemos uma linguagem metafórica.

Imaginem que há um tabuleiro do campo crístico diante de nós.

Nós, do campo, olhamos para esse tabuleiro e as imagens vão se modificando: ora refletem árvores, ora um prédio, e o prédio se desmonta, depois voltam as árvores, então surge uma casa, e a casa desmorona...

Nesse tabuleiro, as pessoas e os outros seres vêm e vão, vêm e vão.

Nós conseguimos enxergar todo o fluxo que ocorre nesse tabuleiro.

A Terra é mantida, mas o que acontece em sua crosta se modifica incessantemente, em idas e vindas, e de onde nós estamos – pode parecer difícil compreenderem o que vamos falar, mas se esforcem um pouco para imaginar – conseguimos ver todos esses movimentos acontecendo simultaneamente.

É possível olhar para esse cenário e ver tudo acontecer ao mesmo tempo. Enxergar o que há no início da estrada, o que ocorre ao longo da estrada, o que existe no fim da estrada; o que há na base da montanha, no topo da montanha, atrás da montanha; pois conseguimos ver todas as coisas acontecendo de uma só vez.

O tempo é móvel, é um elástico, e através dele se consegue acompanhar as jornadas do passado, do presente e do futuro.

O tempo também é uma ilusão.

O futuro pode ter acontecido, pois ele está desenhado.

Vocês podem estar sendo visitados pelo seu próprio futuro.

Os seres que nascem e chegam a este mundo são os mesmos do passado, e os que partem já idosos tornam-se recém-nascidos em seguida.

A abertura para esse fluxo encarnatório facilita o encontro com o todo, um encontro que acontece o tempo inteiro e atemporalmente.

A conexão com a união de passado, presente e futuro os coloca em condições vibracionais de comunhão com o universo e seus irmãos estelares.

Essa comunhão cria vibrações crísticas e atrai novos níveis vibracionais a ponto de confundir o que é imaginação e o que é realidade.

Nesse ponto de confusão, abram-se à imaginação, que é um campo cósmico real.

Quando imaginam, vocês entram em campos de amálgamas cósmicas que abrem novos espectros de realidade.

A abertura contínua de espectros de novas realidades é um sinal de ascensão pelo amor na luz crística.

Os filmes produzidos por vocês são sempre, de alguma forma, reflexo de uma realidade maior.

Não há como imaginar uma coisa que não possa acontecer; se foi imaginada, existe.

Se perceberem agora que estão fazendo o presente e construindo o futuro, vocês criarão condições de conexão com o campo que tudo vê.

Há um espaço onde a multivisão dimensional é livremente oferecida àqueles que por mérito se encontraram.

Sua jornada expansiva foi toda projetada para viverem ciclos encarnatórios diversos, que são ao mesmo tempo complementares e amalgamados.

O carma é baseado em uma lei, e essa lei é fundamental para vocês poderem evoluir coletivamente.

Seu espírito fica contente e feliz, pois essa lei proporciona evolução.

Trata-se de uma lei reta, pois o que se faz precisa ser ajustado, e esse ajuste se dá em prol do coletivo.

Todas as linhas, ascendentes e descendentes, por meio das quais vocês transitam em ciclos encarnatórios foram programadas para que, a partir dos laços, vocês possam não só se libertar, mas libertar outros que tenham maculado as relações.

Tudo em sua vida envolve relações.

Vocês estão a todo tempo aprendendo por meio de relações.

O outro é você e você é o outro.

Sua essência experimenta o que foi experimentado por outros irmãos, assim como os irmãos que virão passarão pelo que vocês passam.

Todos são poeira de uma mesma nuvem.

O recordar do seu entrelaçamento traz a confluência das relações e a sabedoria para lidar consigo mesmos e com os outros.

Vocês são irmãos cósmicos que se fundirão intensamente ao uno com o recolhimento do fluxo do multiverso.

Aprender a respirar o outro observando o ritmo do fluxo resulta em harmonia e vibração.

Para se relacionarem com o outro, conectem-se e respirem em uníssono para entrar na mesma frequência.

Estando na mesma frequência, vocês enxergarão o incomum, despertarão o centro da voz e se colocarão de forma cósmica diante do outro.

Perante o desafio, a brutalidade, os desencontros das relações, ascendam sua postura cósmica e conectem-se com seus irmãos.

Ao ver irmãos e irmãs, mesmo optando por não se relacionarem, abram-se para a chama crística.

6
COMUNHÃO COM A RETIDÃO

> Meus amados seres de luz, a retidão é o meio e o fim.
>
> A retidão leva e eleva nosso brilho até vocês.

Seu desvio já foi estabelecido na encarnação; portanto, representa a sua condição.

O retorno ao que é reto representa a luz iluminando a jornada.

Retidão representa tudo o que é, ou seja, o alinhamento da essência emanada por vocês.

Toda a sua jornada, que envolve diversas estruturas de personalidade e vidas, faz jorrar a sua comunhão com tudo o que vocês são em essência.

Sua essência reta se alinha com as energias sobrepostas na experiência do plano existencial.

Todo desvio e todo ajuste evolutivo se expandem.

Se vocês se desviam, vocês mesmos se ajustam, e muitos desses ajustes envolvem coletividades.

A herança que carregam e faz com que a raça permaneça estabelece que a família sanguínea que vocês encarnam lhes traga como campo influenciador as informações que são passadas de geração em geração.

Cada um tem o dever de limpar sua história encarnatória, assim como a de sua genealogia adquirida.

Para outros seres espirituais descerem e cumprirem seu papel, vocês cumprem sua parte e abrem espaços de sequência sanguínea.

Vocês fazem e sempre fizeram parte de um agrupamento que desce coletivamente numa programação de cem, duzentos, trezentos anos ou mais.

Há os agrupamentos maiores para a inteligência coletiva, cuja programação é de quinhentos, seiscentos, até mil anos.

Só há um caminho: a retidão para as limpezas coletivas.

A retidão envolve entrar em comunhão com o certo.

O certo é a morada do divino e da unidade.

A retidão é o andar que não destrói, é o olhar que não desvia, é o movimento que não corrompe.

A retidão dita a coragem do movimento que transcende o medo, trazendo a união do espírito com a carne.

A retidão envolve a dissolução do ego na disputa pelo olhar externo.

A retidão traduz a medida do caráter em sua absoluta fragilidade diante da verdade em pura manifestação.

A retidão enfrenta a dor e o descrédito por firmar-se na essência do bem.

A retidão coloca o caminho a serviço do coletivo existencial.

A retidão revela a força pelo simples resistir.

A retidão se manifesta pela consciência e é amparada pela disciplina.

A retidão é um aspecto crístico.

A compreensão do caminho alinha o que vocês precisam fazer, mesmo que lhes custe algum sacrifício.

Quando se tornam retos, vocês não se desviam, assumem riscos, são exemplos e demonstram força além da medida.

A prática da retidão trará à sua jornada o encurtamento do ciclo sequencial encarnatório.

A manifestação da retidão exige uma visão inequívoca sobre a verdade e a disciplina de abster-se das influências externas e internas para um caminhar diretivo.

Ao compreender a importância da retidão, acolham a linha encarnatória sucessória de suas famílias.

Ainda que as relações familiares não estejam em seu ciclo, vocês nunca escapam da cura coletiva que se dá por meio da evolução individual.

Tenham retidão com o compromisso evolutivo de sua família ancestral para que honrem cada movimento encarnatório.

Vocês são um centro evolutivo de transcendência coletiva que pode trazer a si mesmos a retidão de comportamentos que purificam seu espírito.

A retidão envolve o pensar, o vibrar, o agir e o projetar.

Vocês fazem programações que duram milhares de anos.

É importante honrar a ancestralidade.

Sua presença em um corpo só se manifesta porque tem uma origem familiar; é a confluência e a conjunção de inúmeras famílias, com inúmeras informações, através da transmissão das gerações.

Toda transmissão evolutiva se dá por meio do sangue, que é muito mais importante do que se imagina.

O sangue contém toda uma linhagem que está em vocês porque foi planejada para vocês, dentro da programação que seu ser maior, em conjunto com a coletividade, fez na sua existência.

Honrem todos os seus antepassados.

Considerem o seguinte: um casal fugiu de uma guerra em determinado momento do mundo, passou por muitas dificuldades e sofrimentos. Tiveram um filho que conseguiu sobreviver e conheceu uma mulher que também sobreviveu aos flagelos do mundo. Ambos geraram uma filha. Essa filha tinha uma saúde muito delicada, mas cresceu, casou-se e engravidou. Morreu ao dar à luz o filho. Esse filho conheceu outra pessoa e também progrediu em sua vida, gerando filhos que, ao final, viraram pais. E esses pais tiveram vocês.

Toda essa bagagem ancestral de alegria, tristeza, sofrimento, prazer e evolução sanguínea corre nas veias do seu corpo.

É natural que estejam pensando em si, em se tornarem pessoas melhores e, de igual forma, projetarem um futuro melhor.

Um exercício altruísta, reto, crístico e divino é honrarem a sua ancestralidade, para que possam reconhecer na sua existência tudo o que os outros passaram para que os corpos pudessem existir e se transformar no que vocês têm hoje, dentro da matriz da sua vida.

Essa é a sua morada.

Honrem a sua morada e tudo que os outros fizeram.

Muitos de vocês pensam no presente e no futuro e se esquecem de honrar o passado, e honrar o passado é trazer para si a retidão do viver.

Não é simplesmente reconhecer os pais, os avós e até as bisavós, que são gerações que, por vezes, vocês conseguem ainda encontrar nesta vida. É muito mais.

Vocês precisam reconectar todas as suas relações com a retidão do amor.

Não estamos falando simplesmente das gerações que se encontram neste plano; falamos das gerações que não estão mais aqui.

Recordem-se de que elas não se encontram com vocês, mas elas estão em vocês.

A retidão lhes coloca no rumo com o coração.

O caminho do coração se faz pela verdade sem mágoa, sem ódio, sem vingança; apenas pelo olhar para um futuro limpo.

Limpar o coração lhes traz a perspectiva reta que encurta seu programa cósmico.

Seus ancestrais lhes abriram o caminho; honrar não significa se prenderem à família.

Honrar é reto.

Agradeçam a sua família, a sua história, e sigam em frente com ou sem eles.

Ao purificarem suas ações e seu espírito, vocês purificam o sangue da família que corre em seu corpo.

Ao terem relações e pensamentos retos, vocês vibram toda a sua ancestralidade em um novo nível.

Esse novo nível abre espaço para que seus ancestrais possam encarnar em um corpo mais favorável e em novos níveis vibracionais.

Seu caminho é apenas um, o da retidão com a elevação vibracional sanguínea de sua ancestralidade.

Tragam a sua consciência para cada gesto, atitude ou pensamento de alta vibração que tenham e projetem em todos os seus antepassados a força presente da transformação que vocês representam.

Uma das chaves poderosas para vocês abrirem um espaço de curas em sua vida, e de curas para muitos seres que eventualmente não estejam em paz, é honrarem o passado.

Existem duas formas de honrar o passado: uma física e memorial, e uma não física e memorial.

Considerem olharmos pelo lado físico e memorial caso conheçam a árvore genealógica de sua família.

Peço que se empenhem em até onde se recordam e façam uma árvore genealógica.

Escrevam o nome das pessoas.

A escrita é extremamente poderosa nesse tipo de trabalho de cura.

Uma vez registrada a sua ancestralidade, com todos os nomes a que conseguiram chegar, é importante que estabeleçam um processo de conexão com essas pessoas, em um ambiente seguro e sem interferências, e reservem um tempo razoável para expressar gratidão e honrá-las.

O agradecimento é um gesto muito poderoso e libertador.

Revelo aqui o poder do reconhecimento, do reconhecer e tornar evidente.

Tornar evidente é quando vocês passam a olhar para algo.

Uma árvore existe quando vocês a enxergam.

Se não a enxergam, ela não existe em sua vida.

Há multirrealidades no planeta, e a sua realidade parte daquilo que vocês veem, do que trazem para a vida.

Quando reconhecem a ancestralidade, vocês simplesmente a trazem para a vida.

O primeiro exercício é ter muita gratidão e reconhecimento por tudo aquilo que seus ancestrais fizeram.

Há outro elemento importante para ser trabalhado: pedir perdão a todos os seres ancestrais por coisas que vocês fizeram na vida e que comprometeram o coletivo.

Muitos seres humanos cometem erros e não percebem que fazem coisas erradas até alcançar um novo nível de conhecimento.

Algumas pessoas atingem esse nível de conhecimento, outras não.

Quanto mais entenderem sobre si e analisarem sua vida, mais perceberão as coisas que fizeram – muitas delas prejudiciais – e das quais não tinham consciência, mas eram parte do seu aprendizado.

É importante vocês pedirem perdão por suas falhas, por seus erros.

Há outro fator poderoso de cura coletiva da sua árvore ancestral.

Na condição em que se encontram, perdoar as faltas e falhas dos membros de sua árvore ancestral é um gesto crístico e fundamental.

Recomendo que escolham as melhores palavras que venham do seu coração, inspiradas por seu ser maior; palavras que possam trazer paz e cura pelo perdão.

Para se livrar das cargas que muitas vezes carregam de sua ancestralidade, vocês precisam perdoar e se perdoarem.

O perdão nesse nível pode mudar completamente o padrão vibratório da sua vida, e vocês podem entrar em uma frequência de sintonia com o novo mundo para lidarem melhor com as transformações que terão pela frente.

A partir da sua sensibilidade, do seu coração, vocês podem se direcionar para um ramo da família, para seres específicos da sua árvore ancestral, desenhada em um grande mural, e assim dar e pedir perdão.

Falem e todos os ouvirão.

Vocês podem aliviar a carga daquele espírito que talvez esteja encarnado, ou que já desencarnou.

Você podem, nesse momento, fazer uma liberação de cura sem perceber.

Uma vez que consigam trazer esse elemento de cura, será chegada a hora de se abrirem a todas essas energias e as unirem em uma só.

Visualizem-se trazendo todos esses seres, atraindo-os como se fossem gotinhas de água e juntando-os em um copo.

Visualizem as gotinhas caindo, os fluidos entrando e formando um copo.

Bebam esse fluido integrando-o a vocês.

Depois de terem perdoado, de se perdoarem, de reconhecer e agradecer, deixem que tudo que precisa passar por vocês se manifeste, sem medo.

Entendam que o mundo espiritual, a visualização e a mentalização são tão reais quanto a sua matéria.

Tenham zelo pelo que vocês pensam, porque, no mundo espiritual, pensamento é matéria.

Tudo interage.

Sua mudança de padrão vibracional por meio da comunhão com a ancestralidade libera e liberta.

A ordem crística cairá como um manto sobre vocês.

7
ATIVANDO O CORAÇÃO

> Que a alegria desperte e reine em seu coração.
>
> Somos o pulso que vibra e alimenta sua alma corpórea.

Existem muitas faixas frequenciais que habitam diferentes mundos de várias formas e com diversas manifestações.

Vocês vêm da alta frequência ao encarnar, e é natural que queiram voltar à mesma vibração.

Voltar a tudo o que são, voltar a tudo o que sempre foram, assim como a alma é e aspira à volta.

O mundo original espera por vocês.

Os aspectos reais desse mundo se manifestam de forma oculta à vida que se apresenta.

Esse anseio, que é natural, autêntico e legítimo, representa o impulso de movimento positivo à frente de seu tempo.

Permitam que o pulsar do seu coração seja como um buscador da essência enquanto estiverem respirando.

Sejam nobres ao viver.

Ser nobre significa ter magnanimidade em seus gestos com tudo.

A nobreza do coração pulsa em um só lugar, onde há um portal e um caminho para que vocês possam fazer reconexões com a existência e com a sua alma.

Esse portal pode servir nesta existência como um fator de grande transformação na sua forma de lidar com este mundo, interagindo com outros mundos.

Há um portal intramundos dentro de vocês.

Seu corpo tem diversos portais que podem ser ativados.

Esses portais vão além do que chamam de chacras.

São muitos os centros de energia.

Seu corpo vibra em portais dimensionais.

Aprendendo a acessar e ativar esses portais dimensionais, vocês mudam a sua frequência, a forma de ver o mundo e, inevitavelmente, a maneira de viver.

Muitos de seus irmãos deste plano fizeram ativações nesse portal e experimentaram transformações muito profundas, a ponto de não serem mais reconhecidos como antes.

A ativação se dá apenas por merecimento.

Esse portal é regido a partir da verdade de tudo o que é.

Vocês podem ter discursos maravilhosos, muitos seguidores e serem grandes exemplos, mas não para a frequência, não para a sua vibração.

As palavras podem enganar, as imagens podem enganar, mas a frequência não se engana.

Em seu tempo, vocês são submetidos diariamente a ondulações de vibrações.

É muito pouco provável que consigam manter a sua frequência estável; a frequência é algo vivo, pulsante, que reage a ambientes em todos os níveis.

Manter a frequência alta é para raríssimos seres, poucos em seu mundo. O portal influencia diretamente a sua frequência.

Por meio da sua frequência, vocês podem acessar estados e mundos que lhes são, por vezes, desconhecidos.

É importante que vocês olhem para si mesmos.

As pessoas procuram portais exteriores; existem muitos em todo o planeta, de diversas formas, mas vocês caminham com um portal interior, por isso é importante que olhem para dentro de si.

Esse portal está localizado em uma área no seu peito, em uma glândula.

Por estar desativada, essa glândula não funciona de forma completa, mas, à medida que você a ativa, tudo muda.

Ela é o portal central.

É exatamente em seu coração que está a maior jornada que podem fazer nesta realidade.

Vocês mesmos dizem: "o coração tem razões que a própria razão desconhece".

De certa forma, isso faz sentido.

Os seres que tiveram esse lugar ativado conheceram a reconexão em diversos níveis e passaram a ver as pessoas e o mundo com um olhar mais amplo, não um olhar restrito.

O coração ativa a grandeza e os tira da sombra da pequenez.

O coração expande e vocês se expandem trazendo a essência do amor na forma de ver tudo e todos.

Vocês são a versão final de todo o projeto que vocês mesmos rascunharam e desenharam para estar aqui.

Cada pedacinho do seu corpo, cada coisa que aconteceu com ele, foram meticulosamente programados para vocês terem a experiência mais completa que poderia existir, por mais prazerosa ou dolorosa que seja.

A grande porta de transformação é o timo, que ativa o coração, a glândula que não funciona bem.

Há exercícios para mudar a maneira de ver as coisas, há exercícios para mudar a maneira de se relacionar com as coisas, e há exercícios físicos que vocês podem fazer para ativar o coração.

Uma forma de ativar o coração é atentar para os sons ou batidas frequenciais com consciência espiritual.

Há neste mundo diversas pessoas que conseguiram captar esses sons, gravaram-nos e propagaram-nos por meio das plataformas musicais que vocês conhecem. Procurem e os acharão.

São sons que, ao ressoarem, ativam a glândula do coração.

Vocês saberão se esses sons estão causando o efeito desejado ao sentirem no corpo uma sensação simultânea de expansão muito forte e de calma.

Vocês não se desorientarão, mas o som os expandirá.

Expandirá a área do corpo e vocês a sentirão pulsar.

Vocês saberão que o coração está sendo ativado quando a área central do peito, próxima dos ossos, pulsar.

Essa região pulsará muito forte e se ampliará em proporções inimagináveis, a ponto de vocês se confundirem com a própria pulsação.

Separem esse pulso da batida do coração.

O coração tem uma frequência e, de certa maneira, também é um portal, mas não é desse portal que estamos falando.

Vocês sentirão o pulsar exatamente no centro do seu peito ou um pouco abaixo, dependendo da sua compleição física e da estrutura de seus ossos.

Os corpos têm distinções, mas todos possuem essa glândula.

Vocês podem ativar um código no peito tocando-o rapidamente com um dos dedos.

Nós vamos revelar um código frequencial para que vocês possam fazer isso quando quiserem.

Recomendo que não façam mais do que uma vez ao dia, para que possam se recuperar e sentir seus efeitos.

Quando chegarem no nível dimensional de frequência favorável ao código, ele será ativado e vai funcionar.

A abertura por meio de códigos acontecerá com a repetição de batidas que vocês precisam dar na região onde está a glândula.

A jornada de merecimento lhes trará poder.

Anotem as sequências.

Sete sequências

Cada sequência requer uma quantidade de batidas nessa região do coração.

Vocês vão escolher apenas um dedo da mão e com ele darão batidas firmes, fazendo uma pausa ao terminar cada sequência.

- Primeira sequência: 14 batidas e pausa.
- Segunda sequência: 3 batidas e pausa.
- Terceira sequência: 11 batidas e pausa
- Quarta sequência: 1 batida e pausa.
- Quinta sequência: 5 batidas e pausa.
- Sexta sequência: 17 batidas e pausa.
- Sétima sequência: 3 batidas e pausa.

O ideal é que vocês façam isso deitados e livres de interferências externas, concentrados durante alguns minutos na sequência para que possam relaxar e perceber a expansão.

Volto a repetir: mesmo fazendo as sequências de abertura, é possível não haver efeito algum se vocês não estiverem vibrando no nível mínimo necessário para acessar as chaves funcionais.

Trata-se de um código, e as chaves desse código funcionam por meio das sete sequências.

Aqueles que estiverem no nível frequencial mínimo reativarão gradualmente essa glândula cada vez que utilizarem esse código, e assim o portal do coração passará a existir.

Mas o portal do coração não será totalmente ativado. Imaginem-no como um quebra-cabeça em que vocês vão juntando as peças.

Os códigos alinhados com a mínima vibração frequencial favorável, à medida que são usados, comparam-se a peças que vão formando uma imagem até que o quebra-cabeça fique completo. Em outras palavras, as glândulas sentem essa vibração e são reativadas em nós.

Uma vez que isso ocorra, seu mundo não será mais o mesmo.

Esse é um caminho.

Há outro caminho para vocês conseguirem ativar o coração: por meio da bondade e da generosidade.

Sua bondade é tudo, absolutamente tudo.

É hora de parar de reclamar e ajudar os que sofrem, dando-lhes paz e esperança.

É hora de acabar com o ódio nas relações e gerar amor.

É hora de enxergar a vulnerabilidade e oferecer segurança.

É hora de parar de olhar para si mesmos e olhar para fora, para o próximo, para a vida.

É hora de fazer para e pelas pessoas, em vez de pedir que as pessoas façam por vocês.

É hora de ajudar, em vez de pedir ajuda.

É hora de ouvir, em vez de falar.

Quanto mais vocês doam, quanto mais fazem pelos outros, mais transformam a própria frequência e ativam a área do coração.

Conforme repetem essas atitudes, serão provocados a retroceder.

Seus olhos se abrem e vocês vão se conectando com uma luz, a luz da realidade, a luz das pessoas, a luz das relações, a luz do mundo.

Os testes ocorrerão continuamente e vocês, à medida que seguem na jornada, aprendendo a doar, criam um caminho sem volta, o caminho da grandeza. Esse é o caminho da bondade, da generosidade, da solidariedade, mesmo com aqueles que lhes devolvem o que há de pior e, ainda assim, vocês entregam a eles o que há de melhor.

Vocês ativam áreas do coração quando enfrentam as verdadeiras provações humanas.

Vocês receberam do mundo o que há nele de pior e podem devolver ao mundo o que há de melhor em vocês.

Essa devolução lhes traz uma vibração que ativa as áreas paradas e estagnadas do coração, e transforma por completo a visão que têm de tudo o que são e a sua relação com todas as coisas.

Há também um terceiro caminho para ativar essa região, que é o poder da mente.

Trata-se da capacidade que vocês têm de entender que o universo é mental, que o pensamento pode criar, que o que vocês imaginam existe.

Vocês podem canalizar a força da mente para ativar o coração.

Existem inúmeras formas de fazer isso, mas vocês perderam esse conhecimento ao longo da história.

Como forma de lhes proteger de si mesmos, em razão do estágio vibracional em que se encontravam, partes de vocês foram desligadas até que a segurança cósmica fosse manifestada.

Vocês operam com uma capacidade mínima de existência por conta desse "desligamento".

À medida que vocês elevam seus pensamentos, acessam campos de energia que interagem com troca de conhecimentos.

À medida que evoluem, passam a adquirir o direito de reclamar seus atributos adormecidos e guardados.

Vocês têm toda a condição de trazer pensamentos de alta grandeza, de alta energia e de alta frequência pelo poder de sua fé.

Entender que há algo mais do que o mundo físico em que se encontram; que vocês são sustentados por toda uma história que existiu e que ainda está por vir; e que são bem mais que esse corpo em que habitam, é um requisito crítico para uma conexão crística.

Esse caminho de elevar a consciência mental da existência simplesmente acreditando que vocês são muito mais do que pensam, sem se colocar acima dos outros, abre níveis ascensionais.

Entender de igual forma que cada um também é a própria grandeza e que vocês fazem parte de um coletivo poderoso coloca a sua frequência em um nível elevado.

Se levarem a sua intenção para a área do coração e a visualizarem sendo ativada com formas e cores em movimento, invocando as grandes chamas do mundo – o fogo rosa, o fogo verde e o fogo azul –, vocês abrirão o fluxo crístico de transformação.

O fogo transmuda as dores e as apazigua por meio da chama trina.

A ação dessas três chamas ativa a conexão com toda a galáxia.

Vocês giram em torno do Sol, que é o centro do seu sistema planetário.

Esse Sol central também é filho de uma experiência ainda maior, e vocês podem se conectar com essa experiência para que ela lhes abra o caminho.

Confiem na sua guiança, confiem no seu coração.

A luz crística descerá em vocês quando deixarem nascer o brilho do sol em seu coração.

Tudo está conectado. Vocês são uma semente do Sol.

8
A ENERGIA DA COMPLETUDE

> Amados irmãos e irmãs pela energia divina.
>
> A essência reina em vocês e expande seu coração.
>
> Saudemo-nos em essência!

Muitos de vocês têm a impressão de que o paraíso é o Céu, de que o paraíso é um mundo espiritual.

A condição temporária em que vocês se encontram, habitando um corpo em um mundo ilusório, pode enxergar a realidade como uma oportunidade, mesmo que seja temporária, mesmo que seja enganosa.

Muitos buscam o paraíso.

A noção de paraíso é um tanto indecifrável, e representa campos de existência que são, muitas vezes, inomináveis.

Existem mundos em que os seres que ali habitam têm uma plenitude de existência.

A plenitude é um estado em que a consciência se basta com a existência.

A plenitude é plana e ascensional.

É uma forma existencial expandida com um fluxo contínuo.

Esse fluxo contínuo simboliza a plenitude.

A plenitude se dá por completo.

Plenitude gera um estado de completude.

A completude é sentida como se todos os objetivos, todos os anseios, todas as necessidades fossem plenamente satisfeitos, a ponto de nada mais ser buscado.

Procurem sentir o que falamos.

Difícil será ver, mas sentir é possível.

O caminho para entender o que transmitimos é o sentimento, não a visualização ou a racionalização, necessariamente.

O estado de completude na plenitude é um desses mundos habitados por seres.

A completude representa não sentir a necessidade de absolutamente nada.

Na completude não há sentimento.

Procurem sentir isto: sentir o não sentir.

Na completude não há necessidade de afeto; não existe carência nem fome, nem frio nem calor. Não é preciso ser amado por alguém, não é preciso ser reconhecido, reproduzir-se ou sobreviver. Não há necessidade de absolutamente nada.

Procurem se colocar nesse lugar.

Esse é um lugar, um ambiente, um mundo; e esse é um estado em que se encontram alguns seres, algumas consciências.

Vocês podem até pressupor: "Que graça há em um mundo onde não se tem necessidade de absolutamente nada?". Mas esse pensamento, por si só, evidencia a sua distância vibracional.

De igual forma, muitos seres que se encontram no estado de completude pensam: "Que graça tem depender de tais necessidades se já tenho tudo de que preciso?".

Esse é o nível de completude de muitos seres.

O masculino e o feminino estão integrados em muitos desses seres.

Em muitos dos mundos em que há plenitude de existência, os seres vivem de uma forma completa.

Esses mundos existem com outros propósitos, que lhes são inimagináveis, muito distantes dos jogos que vocês vivem. Vocês chegam a um mundo onde vão ter que buscar completudes e, muitas vezes, não as vão encontrar por força da condição sob a qual se encontram.

Vocês vivem sob condição de aprendizagem, estão presos na matéria.

Esses seres, nesses outros mundos, têm uma estrutura diferente, impensável para vocês.

Vocês habitam um corpo com passado, presente e futuro. Eles, não.

Porque vivem incessantemente o passado, o presente e o futuro, seu corpo tem uma limitação natural.

A estrutura do corpo diz muito sobre a condição de vocês.

Vocês não conseguem olhar para trás, só para a frente.

Vocês não conseguem olhar para o alto, só para a frente.

Para olhar para o alto, é necessário levantar a cabeça, uma estrutura que foi estabelecida para vocês.

Para caminhar, vocês precisam das pernas, dos músculos, precisam que a estrutura do corpo esteja em pleno funcionamento, mas às vezes ela falha, e as falhas acontecem por força da experiência deste mundo e da programação que vocês fizeram.

Vejam quantas limitações vocês têm.

Lembrem-se de que, em essência, vocês não são essas limitações.

Vocês costumam andar para a frente, vocês não andam para trás; a estrutura do seu corpo não foi feita para andar para trás.

Observem como estão limitados nos movimentos.

Existem mundos cujos seres que ali habitam vivem sob condições e possuem uma estrutura corporal diferentes das de vocês.

São seres de estrutura gasosa.

Imaginem uma estrutura gasosa a partir da qual vocês enxergam tudo e todos, sem cessar.

É outra estrutura, muito mais completa, e é um paraíso.

Um paraíso onde muitos desses seres vivem, digamos, dentro de determinados propósitos, de estruturas diferentes das de vocês, e que não querem passar pelo que vocês passam.

A ordem crística conecta vocês a esses seres em um respiro de consciência e vibração, que pode lhes trazer um novo nível frequencial para lidarem com a sua realidade tridimensional.

Esses seres e seu paraíso estão disponíveis para vocês por meio da conexão.

Existem também outros paraísos.

A partir do momento em que vocês habitam um mundo com planetas irmãos, onde há cidades e seres parecidos com vocês, vizinhos a vocês, vivendo em outras dimensões – ainda que tenham um nível de consciência diferente –, há condições de conexão.

Em muitos desses planetas não há morte, não há doença, não há fome, não há guerra, não há nada que se iguale ao sofrimento pelo qual vocês passam.

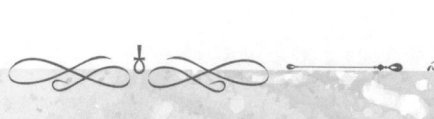

São paraísos em outras dimensões, em outros planos, como Vênus, Júpiter e Saturno (nomes que vocês dão a esses planetas).

Todos esses planetas têm vida em outros campos dimensionais, e vocês não vão encontrar nesses planos um tipo de vida igual ao de vocês.

Essas outras dimensões são paraísos em comparação com o mundo em que vocês vivem.

A ordem crística abre um canal com seres desses planos, entes que podem lhes ensinar muito.

O Sol que alimenta todo o seu sistema é uma morada onde muitas coisas maravilhosas acontecem, um paraíso extraordinário que também tem seu propósito.

Mesmo que se perguntem que paraíso é este em que temporariamente se encontram, vibrando na terceira faixa dimensional, presos a um corpo muito precário que adoece e morre, lembrem-se de que o sistema é integrado e foi criado para que vocês evoluam.

Vocês estão confinados em uma bolha encarnatória.

Quando deixam o corpo e voltam para o mundo espiritual, o mundo espiritual já representa um paraíso extraordinário, um lugar onde vocês têm outros elementos de construção, de relação e de transformação, onde criam realidades.

É outro mundo.

As pessoas que, porventura, passam por experiências de saída do corpo e voltam, conseguem ter um lampejo do paraíso.

Um mundo espiritual perpassa a Terra em diversas dimensões.

Acima do planeta físico de vocês há várias cidades, vários mundos.

Quando alguns seres humanos acessam outros mundos dimensionais, não querem mais voltar para a Terra, não querem mais voltar para o corpo; desejam encerrar sua jornada exatamente porque se recordam desses outros mundos, desses paraísos.

Mas tal como nesses outros planos, no interior do seu planeta também existem outros mundos, verdadeiros paraísos.

E vamos lhes trazer uma perspectiva muito interessante sobre o seu mundo, para que vocês possam enxergá-lo com outros olhos.

A partir da realidade humana, o que é o paraíso?

O paraíso envolve muitas circunstâncias a serem vividas.

Uma delas requer apaziguar as necessidades e os desejos.

Isso traz o paraíso.

Vocês alcançam o paraíso quando encontram uma pessoa para amar e de quem recebam amor.

Esse encontro lhes traz a completude e a satisfação do estado paradisíaco.

No momento em que vocês têm um orgasmo, estão bebendo do paraíso.

Existem mundos onde se vive em orgasmo contínuo.

Imaginem sentir um orgasmo contínuo.

Há mundos assim, onde os seres que ali vivem estão sempre em alta vibração energética, uma vibração semelhante à que vocês sentem quando têm um orgasmo.

Digamos que o orgasmo é um presente dos deuses para vocês.

O estado paradisíaco se manifesta quando vocês são capazes de sentir alegria, mesmo nos momentos difíceis; de agradecer, mesmo diante da dor. Quando são capazes de aceitar o sofrimento, de entender que todos fazem parte de uma mesma coletividade em que as diferenças são tratadas em um novo nível de compreensão.

Um paraíso a ser conquistado, e não simplesmente herdado.

Muitas pessoas que receberam tudo o que têm de mão beijada não sabem lidar com sua herança e não a valorizam, porque foi um legado dos pais ou da família.

O paraíso que vocês almejam precisa ser conquistado na condição em que se encontram, de uma raça plena de confusões e imperfeições.

E é exatamente a maneira de lidar com as confusões e com as imperfeições que pode lhes trazer o olhar e o sentir do paraíso.

Neste momento, nós os convidamos a sentir, no corpo e no coração, que já conhecem esse paraíso do qual estamos falando, porque vocês vieram dele.

Muitos de vocês vieram dos diversos paraísos e já os habitaram antes de encarnar.

No fundo, vocês sabem o que é o paraíso.

Basta se esforçarem um pouco e vão se recordar.

É um estado de completude, de equilíbrio, de maravilhamento. É um estado de êxtase, de alegria, de encanto, de prazer contínuo, de alta vibração e energia. É um estado de amor.

Vocês sabem o que é esse paraíso, mas estão em um mundo completamente dissociado dele. E o que vocês podem fazer?

Tragam o paraíso para o seu planeta.

Essa é uma boa missão.

Não é simplesmente querer voltar ao paraíso, porque isso vai acontecer, mas ter a sabedoria e a coragem de olhar para este mundo tão desigual, tão confuso, tão imperfeito, e fazer a sua parte para trazer o paraíso até ele.

E como trazer o paraíso a um mundo tão grande e populoso?

É bem mais simples do que imaginam.

O seu mundo é aquilo que está à sua volta.

Tragam o paraíso para aqueles que estão à sua volta.

Aprendam a construir o paraíso na sua família.

Essa é uma grande tarefa.

Tragam o paraíso para a realidade.

Isso não significa o fim dos problemas e das dificuldades.

Mas vocês podem trazer o paraíso a partir do amor ao próximo; a partir da compreensão das fragilidades e limitações alheias; a partir das escolhas que fazem e do mundo que constroem à sua volta; a partir da capacidade que têm de transformar as pessoas no que elas são de verdade.

O paraíso envolve as capacidades de perdoar e de ensinar a perdoar.

Envolve as capacidades de enxergar as próprias falhas e as dos outros, e de entender que esta é uma vida de aprendizado para todos.

Envolve as capacidades de orientar e ensinar, e de ser firme se a ocasião assim exigir – porque muitas pessoas precisam dessa firmeza –, mas sempre com profundo amor.

Isso é construir o paraíso.

Reunir a família no seio do lar e fazer desse encontro um momento de alegria, um momento de troca, uma oportunidade de acolhimento daquele que porventura esteja passando por um momento difícil. Isso também representa um lugar para o paraíso.

Os lares precisam ser berços do paraíso.

Vocês podem trazer o paraíso para dentro do seu lar.

Focar o paraíso pode representar uma importante transformação para vocês.

Acessem a sua memória de alma e vocês vão se recordar de que conhecem o paraíso, porque dele vieram.

Se plantarem as sementes corretas, vocês vão colher o paraíso nos ambientes que frequentam, já que passarão a ser agentes de influência e não fontes de reclamação e negatividade.

É por meio da construção de pequenos núcleos de paraíso que vocês conseguirão mudar este planeta, na condição em que agora se encontram.

O paraíso é a força crística viva e latente pulsando em vocês.

Vocês são capazes de transformar a energia da raça, de transcender e entrar em sintonia com a energia de luz que se intensifica cada vez mais neste plano, uma energia à qual estão submetidos e da qual ninguém escapa.

Nos próximos tempos ninguém escapará da quantidade de luz que está entrando.

Vocês podem perceber que o mundo está piorando.

A corrupção aumenta e as guerras se ramificam, cada vez mais desumanas.

Estranho pensar em como a luz pode entrar neste planeta, em sua espécie, uma vez que o que está emergindo é o pior.

Mas o pior está emergindo justamente porque a luz está entrando, e essa luz expõe o pior das pessoas e o expulsa para fora.

Os próximos tempos serão maravilhosamente terríveis para vocês.

Se vocês se concentrarem apenas no que é terrível, muitas vezes uma consequência de seus julgamentos, atrairão o temor para o seu coração.

Tudo o que está por vir faz parte do ciclo, não é uma questão de ser bom ou ruim.

Vocês estão caminhando para um planeta melhor, e para isso é necessário que o pior venha à tona, de modo que aprendam a olhar para a verdade da grande mentira que vocês vivem em vários níveis.

Não haverá um paraíso em seu mundo enquanto imperar a mentira.

Vocês vivem em uma sociedade dissimulada, mentindo uns para os outros todo o tempo.

O paraíso começa dentro do seu lar, acabando com as mentiras, mesmo que precisem transformá-lo, corrigi-lo, mantendo o que vale a pena e descartando o que não vale, aproximando os membros da família e às vezes afastando-os.

Isso faz parte dos ajustes de transformação, mas como realizá-los diante de pessoas tão confusas, desorientadas, agressivas?

Antes de tudo, vocês precisam trazer o paraíso para dentro de vocês.

Precisam construir o paraíso dentro de vocês.

Uma vez interiorizado o paraíso, fica mais fácil viver em um mundo em conflito.

O paraíso estará onde vocês estiverem, nos lugares que escolherem, a partir da matriz de experiências que foi programada para vocês.

O pior ambiente do mundo pode ser transformado por uma pessoa que tem o paraíso dentro de si, e o primeiro passo para construir esse paraíso é abandonar a grande mentira que vocês contam para si mesmos.

É hora de parar de mentir.

Somente a partir da verdade vocês alcançarão o paraíso.

A verdade é um atributo crístico.

Quando passarem a se amar e a buscar a completude do amor que têm por si mesmos, vocês conseguirão se conectar com energias e consciências puras que lhes trarão conforto.

Somente a partir do momento em que vocês entenderem que habitam uma casa, que é o seu corpo, e passarem a cuidar dessa casa por completo, o seu corpo agradecerá respondendo com todo o sistema integrado que ele é.

Vocês só conseguirão chegar ao paraíso quando tiverem um olhar novo sobre si mesmos.

Quando aprenderem a enxergar as suas perfeições e as suas imperfeições, a reconhecer suas virtudes e a olhar para as suas desvirtudes com humildade, sabedoria e coragem.

Isso é construir o paraíso interno.

A sua morada aspira a uma morada completa e em constante aprendizagem, mesmo em um momento de corte de consciência.

Vocês não estão alinhados com a consciência maior nem o estarão por um bom tempo.

Mas isso não impede que vocês tragam o paraíso continuamente para dentro de si e do seu mundo, e uma vez que vivam esse paraíso, vocês o carregam para onde quer que vão.

Mesmo que estejam nos lugares mais difíceis, nos ambientes mais desgastantes, é possível ter um paraíso dentro de vocês e, dessa forma, conseguirem lidar muito melhor com tudo o que acontece do lado de fora.

Aprendam a se blindar do inferno que muitas vezes existe à sua volta, reconhecendo o que vocês são, o que representam por seus próprios méritos, por tudo o que construíram.

Sejam semeadores do paraíso.

Uma pessoa que semeia o paraíso é alguém que não se abate com o sofrimento.

É alguém que tem um olhar generoso para tudo o que acontece.

Em vez de querer voltar ao paraíso, vocês podem trazê-lo para a vida, pois a nobreza reside na capacidade de construir o paraíso aqui, nesta existência.

Sejam capazes, como dizem, de trazer o Céu para a Terra.

As pessoas que querem abandonar este planeta se esquecem do poder que elas têm e da importância de seu papel na missão de trazer o Céu para a Terra.

Essa é a sua grande missão, dentro das matrizes que lhes foram desenhadas.

Tragam o Céu para a Terra durante o tempo em que estiverem aqui, nesta existência, e vocês se tornarão semeadores e semeadoras de um novo mundo que está por vir, da nova raça que vem pela frente da sua humanidade.

Recordem que o paraíso está na sua memória espiritual, e que é chegada a hora de usar seu poder para ir ao encontro de tudo o que vocês são.

9
A GEOMETRIA DO AMOR

> *Nós fundimos nossa alma com a sua em profunda gratidão por tudo que vocês representam.*
>
> *Sua presença nos expande no amor.*

O princípio fundamental do logos solar rege todas as condições e fluxos de emanação de vida, em todas as suas formas.

A criação é inominável e sem verbo.

Sua manifestação generalizada, misteriosa e oculta governa todos os universos.

A criação se manifesta de diversas maneiras e é geométrica.

A geometria cósmica transcende altura, largura, volume e formas.

Toda a sua manifestação advém de uma organização lógica que está inserida na lógica universal.

A lógica universal é a expressão do logos universal, é a coerência da manifestação em sua plenitude sob todas as formas possíveis e imagináveis.

Existem inúmeras e infindáveis formas.

Vocês conhecem o círculo, o quadrado, o triângulo, suas representações, suas expansões em formato de 6, 8, 12, 24, 36, 53, do duplo, do triplo, mas considerem que todo o universo está organizado a partir da geometria cósmica.

Tudo é geometria cósmica.

Na geometria cósmica, toda forma termina em outra forma, é absorvida por outras formas e interage com elas.

As sobreposições e camadas vibracionais criam os espaços funcionais por tensões de campo, formando as bases para um universo auto-organizado.

Todo o universo está conectado com base em formas que se interpõem, se sobrepõem e se entrelaçam.

Não existe uma única forma desconhecida no universo, simplesmente porque toda forma é uma manifestação da criação original.

Todos os universos são criados a partir da conjunção de diversas, milhares e milhões de formas geométricas que se comunicam.

Essas formas geométricas, que se manifestam sob diferentes aspectos em diversos mundos, têm cores conhecidas e desconhecidas.

Essas formas geométricas, por vezes, têm temperaturas conhecidas e desconhecidas.

Essas formas geométricas têm campos vibracionais vivos conhecidos e desconhecidos.

Essas formas geométricas têm som e o produzem a partir do momento em que passam a existir.

Essas representações estão presentes em todos os planos e subplanos dimensionais da sua existência, inclusive nesta área do universo onde vocês estão se experimentando na terceira dimensão.

As formas geométricas existem em todas as dimensões dos planos e nos subplanos.

Quando começam a observar as formas geométricas, vocês passam a ter condição de perceber a criação.

Tudo é subproduto das manifestações geométricas, que são a origem da criação.

Quando desenham um círculo em um papel, vocês criam uma forma que já existe.

E ainda que desenhem outras formas mais avançadas de círculo e em cima de círculos, vão criar algo que já existe.

As representações geométricas criam campos energéticos que empoderam, que abrem canais de comunicação com outros planos, que trazem vibrações em determinados raios, em determinadas dimensões e em determinadas distâncias.

Muitos dos arquitetos que hoje estão encarnados no seu mundo captam essas formas geométricas e dão novas formas ao mundo, redesenhando áreas, cidades, prédios.

Vocês conhecem as formas mais básicas.

Existem centenas de milhares de formas extremamente poderosas que podem simplesmente mudar todo o campo vibracional e energético do qual vocês fazem parte.

Por meio da geometria, é possível induzir estados, é possível abrir portais.

A geometria ancora e produz energia.

O corpo humano são conjunções geométricas.

Se vocês têm um interesse espiritual, um interesse pelo oculto, um interesse em se abrirem a experiências misteriosas, estudem geometria.

Estudem a geometria cósmica.

O círculo produz energia e representa o infinito.

Vocês vivem em círculos que representam movimentos evolutivos encarnatórios sucessivos.

Vocês produzem a própria libertação.

A existência do círculo possibilita a repetição.

Sem a geometria circular, estruturas do universo seriam desmontadas.

O triângulo é criador. Representa fluxos de interseção e abertura à força divina em manifestação criativa.

O triângulo traz a junção de forças com um fator externo, com um fator que empodera a criação: o terceiro lado.

O triângulo ensina a perceber a trialidade de realidades, de visões, de perspectivas.

O quadrado abre os universos paralelos e possibilita a construção de núcleos sementes.

Todas as diversas formas geométricas são derivações dos aspectos primários do círculo, do triângulo e do quadrado.

Há também as sobreposições das formas geométricas que alicerçam todas as matrizes vivas e energéticas dos universos.

Vocês não descobriram muito a esse respeito, pelo contrário; mas o que já têm é suficiente para que possam abrir campos vibracionais de conexão com as energias sagradas, com as energias puras e com outros seres.

Vocês têm a geometria plana, a geometria espacial e a geometria analítica, e elas descrevem e criam campos.

A maneira como desenham espaços abertos e fechados, objetos e seres vivos, todo o mundo físico, enfim, é um aspecto da geometria.

Tudo está contido em uma arte de compor, tudo constitui a harmonia.

Quanto mais constroem a harmonia da geometria, a harmonia dos materiais, mais condição vocês têm de construir campos energéticos da mais alta vibração e grandeza.

Esse conhecimento já existiu em várias épocas do seu reino, da sua raça, mas foi perdido.

Ao longo da história, alguns de vocês se recordaram dessas informações extremamente sagradas e se tornaram personalidades famosas pelo legado artístico que deixaram.

Qualquer pessoa pode acessar esse conhecimento porque está disponível para todos.

A geometria existe para todos. Ela traz harmonia, purificação e clareza; ela traz beleza, paz e resolução; ela traz expansão, consciência e sabedoria. Mas pode trazer também o inverso quando não está equilibrada e alinhada.

A depender do lugar onde se encontram, da maneira como estão organizados, vocês podem atrair as mais baixas vibrações pela ausência do fluxo energético, tendo em vista que toda a geometria carrega em si energias da mais alta e da mais baixa vibração.

Isso faz parte do experimento da criação. Portanto, se pararem para observar cada local em que vocês se encontram, verão que esse lugar tem uma energia específica.

O conjunto dessas energias específicas cria um campo maior, e por isso alguns de vocês se sentem bem em determinadas regiões, cidades ou países, e em outros, não.

Porque tudo é um composto de energia, porque todas as geometrias se conversam e se harmonizam na mais alta ou na mais baixa vibração, uma vez que isso faz parte da experiência de vocês.

Os próximos tempos do seu mundo os convida – e muitos têm aceitado esse convite – a buscar conexão com construções extremamente harmoniosas, de modo que consigam atrair a mais alta vibração que os aguarda no futuro.

Vocês podem trazer a completa harmonia com os movimentos do universo a partir da geometria de tudo que os cerca, mas há algo muito poderoso que precisam compreender, e isso pode modificar a sua relação com a criação.

Vocês são um aspecto geométrico, seu corpo é fruto de uma geometria, de uma lógica, assim como todos os corpos, assim como todos os objetos, assim como todos os materiais.

O recortar um papel e fazer uma arte, o juntar materiais e confeccionar uma mochila, o projetar uma peça e fabricar uma cadeira, tudo tem a beleza da harmonia.

Se vocês construírem a partir dessa beleza, sua obra passará a ser um trabalho altamente energizado, e todo trabalho energizado traz fluxo.

Trazendo para a realidade do seu mundo, onde vocês interagem com trocas de bens e valores, os produtos e serviços feitos com a mais alta energia são os mais procurados, representam mais valor e têm mais fluxo, por isso é importante que vocês comecem a se descobrir como portadores de uma geometria universal.

É a manifestação do seu corpo geométrico.

E tem algo mais: vocês não veem onde a geometria ocorre.

Estamos lhes mostrando a geometria física, tridimensional, projetada, construída, assim como a criação fez com ela mesma.

Vocês são parte da criação e se autoexperimentam em tudo que podem criar.

Assim como todo este universo passou a existir a partir de uma vontade.

Essa vontade é mental, e a geometria também se dá na mente.

Os pensamentos são formas energéticas e são geométricos.

Damos a vocês a chave de uma porta transformacional muito poderosa, que vocês podem, com o tempo, entender e utilizar.

Seus pensamentos são geométricos e da mais alta ou da mais baixa vibração.

Quando os pensamentos se manifestam geometricamente, a geometria carrega som, vibração e energia.

Por isso, a mais baixa vibração atrai as experiências de baixa vibração, e o inverso ocorre da mesma maneira.

Dentro dessa perspectiva, passem a observar seus pensamentos como formas geométricas que vocês estão construindo a cada instante, porque toda forma geométrica – gravem bem o que vamos falar – sempre termina com outra forma geométrica.

A forma geométrica não existe isoladamente.

A comunicação avançada existente em determinados planos e realizada por determinadas civilizações planetárias se dá por meio de formas geométricas.

Não há palavras, não há escrita, não há linguagem; as formas geométricas são um dos instrumentos mais avançados de comunicação planetária em determinadas civilizações.

Não existe somente esse meio de comunicação, mas é um dos mais avançados.

As formas geométricas produzem sentimentos, produzem vibração; elas informam, elas transformam; elas comunicam em diversos pacotes, de diversas maneiras, trazendo para as pessoas conhecimento e um outro estado de presença, de entendimento e de ser.

Vamos lhes dar um exemplo de algo que acontece em outro universo, para vocês terem uma ideia da força da geometria.

Há interações entre seres em outro plano, bem longe daqui.

Esses seres evoluem emitindo formas geométricas muito bem arquitetadas uns para os outros.

Por meio delas, eles comunicam a outros seres uma experiência de mil a duas mil encarnações.

Imaginem a experiência de não ter que esperar mil, duas mil encarnações para receber aquela forma geométrica e aprender tudo em uma única oportunidade.

Vocês se expandem de uma só vez e, à medida que se expandem, proporcionam isso a outros seres.

Há universos onde o fluxo inteiro é este: dar e receber, dar e receber. Há universos onde os seres vão se multiplicando a uma velocidade muito grande se comparada à de vocês.

Esse é um exemplo de como a forma geométrica faz parte de jogos de outras vertentes do seu universo.

Vamos lhes mostrar uma outra perspectiva da forma geométrica, dentro do que é possível entenderem a partir do seu conhecimento.

Há seres cuja manifestação no universo é uma forma geométrica.

Esses seres emprestam sua forma geométrica e a replicam para todo o universo.

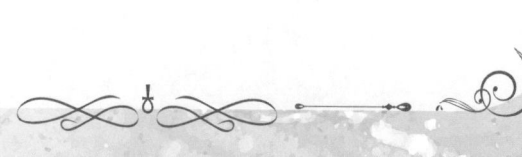

Quando vocês pensam em um triângulo e desenham um triângulo equilátero, por exemplo, isso só é possível porque houve um ser que emprestou essa forma para que ela existisse.

Vocês podem desenhar sem a permissão dele.

Vocês só desenham porque essa forma já existe.

A forma está na sua mente, permitida pelo logos maior: um ser que é a própria forma.

O quadrado é outro ser, que é outra forma.

Todos os desdobramentos lateralizados também são outros seres.

Tudo o que vocês têm, essas figuras básicas e milhares de outras que talvez nem conheçam, são seres energéticos emprestando essas formas para vocês.

Esses seres compõem, em sua multiplicação, toda a vibração multifacetada que existe neste universo de geometrias integradas, sob todas as condições.

Toda a geometria está unificada nos campos que vocês não veem, em outras frequências dimensionais que atravessam a matéria. Portanto, a geometria atravessa a matéria, ela é a matéria e sustenta a matéria.

A geometria está em tudo, em todos os campos.

Imaginem que vocês vivessem em uma grande teia.

O universo conhece todos os seus movimentos, sabe o que estão fazendo e onde vocês estão.

Do ponto de vista espiritual, não há absolutamente nada que não saibamos: o que pensam, o que fazem, para onde vão.

Não se sintam invadidos por isso, muito pelo contrário; vocês são muito respeitados porque, em razão do corte de consciência, sua mente passa por muitas loucuras na maneira de pensar, de ser e de agir, e por vezes vocês não conseguem se expressar.

A loucura está dentro e nós vamos regulando essa loucura toda que é a encarnação.

Superar essa situação é fundamental, e o que está por trás de tudo isso é a geometria.

Vocês são seres geométricos dentro de um universo geométrico, dentro de um campo – dentro de um planeta completamente geométrico onde pisam o tempo todo em alguns pontos invisíveis.

A partir desses pontos nós sabemos onde vocês estão, sob todas as condições.

Vocês não se escondem de nada nem de ninguém, seja das energias de mais alta vibração, seja das energias de mais baixa vibração.

As energias de mais baixa vibração os encontram com muita facilidade, porque vocês todos são mapeados pelas formas geométricas.

Tudo o que ocorre, o mínimo movimento, a mais leve folha que cai ao solo, está registrado pela lente deste universo e deste planeta; portanto, nada passa despercebido.

Tudo está registrado na memória por conta da geometria, que está em todos os campos, em todos os pontos, em todas as situações, construindo e modelando em todos os níveis.

Quando vocês começarem a observar a sua casa, que é o seu corpo e a sua mente, passarão a assumir o controle da sua existência, pois entenderão que tudo o que fazem, falam, pensam e transformam em sua realidade cria campos geométricos.

Esses campos geométricos respondem com energias que influenciam, impulsionam e atravessam a sua vida.

Se vocês compreenderem isso, com o tempo entenderão a lógica original da criação e poderão fazer grandes transformações em sua vida, arquitetando melhor seus pensamentos, arquitetando melhor o seu corpo, arquitetando melhor suas decisões e atitudes, pois tudo tem geometria.

Projetem melhor seus espaços construindo com geometria cósmica.

Esse é um assunto sobre o qual vocês podem pesquisar, estudar e se aprimorar. E se seu coração chamar, vão, porque vocês estão se dirigindo para a fonte da criação, que está no campo da geometria e é o lugar onde todas as coisas começam.

Tudo começa com a geometria.

Nada existe sem a geometria; nada existe sem as formas, as multiformas e as interações das formas.

Os seres que emprestam suas formas fazem parte da criação.

Todas as formas em movimento de criação representam o amor.

O amor é todas as coisas em estado de pureza e é o fluxo para o retorno à fonte.

O amor é o caminho de retorno à fonte.

O amor é o fruto crístico da manifestação de qualquer existência.

10
ORDENS DE CRISES REVERSAS

> Que seu corpo seja banhado pela luz divina em graça e forma.
>
> Seu brilho nos reflete em tudo.

A provação traz o caminho para a essência quando vocês se encontram despertos.

Os olhos abertos do espírito enxergam as impurezas que lhes cercam e conseguem soprar o vento da sabedoria.

Seu ciclo é regido por crises que nada mais são do que um sopro divino de amor para que lhes acenda a capacidade de se autotransformar.

Sua missão cósmica é reverter crises.

As crises transmutam como o fogo: precisam ser direcionadas para um entendimento de abrangência.

Crises têm início e fim, e esse intervalo representa a abrangência.

A crise pode findar nela mesma.

Pode findar pela compreensão.

Pode findar pela aceitação.

Pode findar pela negação.

Pode findar pela retidão.

Pode findar pela disciplina.

Pode findar pela palavra ou pelo silêncio.

Pode findar no espaço-tempo.

Pode findar na grandeza.

Pode findar na humildade.

Pode findar na coragem.

São muitos os meios pelos quais uma crise pode chegar ao fim.

Todo início representa uma ordem.

As ordens vêm dos preceitos elementares de construção do mundo e das relações da carne.

Para a sua estada neste plano, as crises – que são ordens divinas expressas – já estão projetadas para o seu crescimento.

O movimento de experiências é descendente, vocês sempre estão recebendo crises.

Há uma ordem em tudo, e essa ordem é soberana.

Entendam que vocês precisam das crises.

À medida que resgatam o entendimento das ordens superiores, vocês passam a ver as crises com outro olhar.

Olham-nas com humildade.

Olham-nas com louvor.

Olham-nas com amor.

Olham-nas com grandeza.

O olhar correto produz a reversão, e isso muda tudo.

Esse é o olhar crístico.

O olhar que enxerga a partir da ordem que tudo emana.

A aceitação com compreensão acende a chama crística que realinha espírito e atitude diante das provações encarnatórias.

Quando vocês se relacionam com a crise de forma a compreender o estado de ordem, passam a ativar a conexão do amor e, a partir dessa conexão, a transcendência de qualquer dor relacionada com a crise.

Alguns de seus irmãos que já aprenderam a fazer isso não sofrem mais com as crises nem as lastimam, pois simplesmente as reverteram em prol do amor maior.

A reversão de crises traz a ausência de medo do porvir.

Ao viver uma crise, ascendam ao sentimento de que tudo é, no máximo, do seu tamanho.

Nada do que recebem é maior do que vocês.

Seu olhar reverte a dimensão, a força e o sentido de qualquer crise.

Pelo olhar sua mente transcende e lhes dá as respostas de que precisam.

Alinhar-se com as ordens superiores libera a percepção essencial de que tudo está ocorrendo dentro do esperado até que vocês atuem e revertam a situação por meio da conexão com o amor.

A reversão já é o movimento de retorno à fonte.

A reversão é o reconhecimento da experiência da fonte, sobretudo o que ela é.

Ao reverter a crise que veio determinada, vocês encontram e vibram a força de expansão do autoexperimento.

Ao vibrar no reverso, vocês se alinham com o código fonte da unidade e conseguem perceber que tudo é um, e tudo está em fragmentação experimental.

O fim de tudo é o início que se completa.

Embora tudo o que falamos seja pouco compreensível para vocês, entendam que quebrar fluxos, destruir egos e se direcionar à fonte em meio a crises representa a completa ascensão que lhes reconecta com a energia primária.

A chama crística é o caminho para o retorno à unidade e lhes traz ordem diante das crises que absorvem a sua existência.

A ORDEM CRÍSTICA

Chama crística: rosa, verde, azul

Som crístico: retidão

Olhar crístico: coração

Fruto crístico: amor

Vontade crística: uno

Círculo crístico: todo

Campo crístico: sutil

Voz crística: verdade

Salto crístico: liberdade

Livros canalizados por L.B. Mello Neto

Círculo sagrado de luz
É uma compilação de canalizações realizadas presencialmente a partir de seres de diversas dimensões. As mensagens, em forma de perguntas e respostas, são reveladoras e disruptivas quanto ao entendimento do mundo espiritual e da realidade humana.

Orações do Sol
Uma pérola poética e transformadora. O livro contém quarenta orações inspiradoras que impactam a estrutura mental, emocional e espiritual das pessoas. Há diversos relatos sobre como o livro propiciou ativações de cura.

A essência da bondade
Com linguagem forte e direta, a consciência Jheremias aborda o significado da bondade. Desmontando crenças antigas, o livro esclarece e inquieta ao revelar às pessoas outras formas de enxergar a vida e de lidar com seus semelhantes.

Quem é você
O ser humano está muito além do que imagina ser. É hora de abrir o coração para uma profunda ligação espiritual. Esse livro é um portal que ativará conhecimentos antigos e permitirá estabelecer uma conexão mais estreita com todo o universo.

Toda doença é uma cura
O livro aborda temas sensíveis ligados à existência e explica os movimentos cósmicos que afetam as estruturas físicas, mentais e emocionais que nos cercam, reconectando-nos com conhecimentos antigos que regem toda a história humana.

O jogo do mundo
Eahhh transmite um amplo conhecimento sobre a evolução humana: nós vivemos um grande jogo criado por inteligências superiores. O que ocorre em uma dimensão é reproduzido em outra, e assim se fecham os ciclos de compensação energética vibracional.

Meditações cósmicas
Este pequeno livro contém conhecimentos sagrados profundos, traduzidos de forma simples para que você possa usufruí-los ao máximo. Cada mensagem carrega um pacote de energia que eleva a qualidade de suas vibrações e as impulsiona.

TIPOLOGIA: Cinzel Decorative [títulos de capítulos]
Gentium Basic [texto e entretítulos]
PAPEL: Off-white 80 g/m² [miolo]
Cartão 250 g/m² [capa]
IMPRESSÃO: Formato Artes Gráficas [agosto de 2024]